QUELQUES CONSIDÉRATIONS

SUR LE TRAITEMENT

DE

L'OPHTHALMIE PURULENTE

CHEZ LES NOUVEAUX-NÉS ET CHEZ LES TRÈS-JEUNES ENFANTS,

PAR Edouard FORTIN,

Élève externe des Hôpitaux de Paris.

ÉVREUX,

BERNAUDIN, IMPRIMEUR, RUE FERRÉE, 10.

—

1864.

QUELQUES CONSIDÉRATIONS

SUR LE TRAITEMENT

DE

L'OPHTHALMIE PURULENTE

CHEZ LES NOUVEAUX-NÉS ET CHEZ LES TRÈS-JEUNES ENFANTS,

PAR Edouard FORTIN,

ancien externe des Hôpitaux de Paris.

EVREUX,

BERNAUDIN, IPRIMEUR, RUE FERRÉE, 10.

1864.

QUELQUES CONSIDÉRATIONS

SUR LE TRAITEMENT

DE

L'OPHTHALMIE PURULENTE

CHEZ LES NOUVEAUX-NÉS ET CHEZ LES TRÈS-JEUNES ENFANTS,

PAR E. FORTIN.

L'ophthalmie purulente est toujours une maladie grave, et elle acquiert une gravité plus grande encore lorsqu'elle vient à sévir d'une manière épidémique.

M. Dolbeau s'est trouvé en présence de ces conditions à l'hospice des Enfants assistés, pendant l'année 1863. L'épidémie s'est déclarée, alors que l'Assistance publique nous avait assigné les fonctions d'interne du service, pendant les mois de septembre et d'octobre; et nous venons, encouragé par le maître habile dont nous reproduisons la pratique, exposer les résultats de sa méthode.

Tout d'abord M. Dolbeau employa, pour combattre l'ophthalmie purulente, les collyres ainsi composés :

N° 1. Azotate d'argent. . . . 1 gramme.
　　　Eau distillée . . . . . . 30 grammes.
N° 2. Azotate d'argent . . . . 2 grammes.
　　　Eau distillée . . . . . . 30 grammes.
N° 3. Azotate d'argent. . . . 3 grammes.
　　　Eau distillée . . . . . . 30 grammes.

Mais ces collyres étant trop faibles, ne donnèrent aucun résultat heureux. Renonçant alors à ces solutions, M. Dolbeau eut recours aux collyres concentrés ainsi composés :

N° A. Nitrate d'argent cristallisé. 10 grammes.
　　　Eau distillée. . . . . . . 100 grammes.
N° B. Nitrate d'argent en poudre. 25 grammes.
　　　Eau distillée. . . . . . . 100 grammes.
N° C. Nitrate d'argent cristallisé. 50 grammes.
　　　Eau distillée. . . . . . . 100 grammes.

Malgré l'assentiment général accordé à cette pratique, les résultats se montrèrent avec des revers à peu près constants.

Sous l'influence de ce traitement, des cornées, reconnues parfaitement saines à l'entrée des malades, se ternirent avec une rapidité effrayante. Dès 1843 (*Gazette médicale*), M. le docteur Delasiauve, signalait par des expériences le danger d'appliquer sur l'œil des collyres aussi énergiques, mais elles passèrent inaperçues.

M. Dolbeau, en présence des revers que nous venons de signaler et qui ne lui paraissaient pas légitimes, résolut, sans abandonner le nitrate d'argent, de l'employer d'une manière différente. D'ailleurs, l'indication qu'il voulut remplir avait déjà été positivement indiquée par M. de Graëfe. Cet observateur a fait remarquer que l'inflammation de la conjonctive oculaire n'a lieu que consécutivement, et que la cautérisation ne doit pas porter sur cette membrane. D'après cet auteur, lorsque l'on emploie les collyres liquides et énergiques (comme A B C), la cornée ne peut rester indemne.

Abandonnant les collyres liquides, n'agissant pas assez localement aux points pour lesquels on réclamait leur action, M. Dolbeau eut recours aux collyres solides, et ces collyres furent exclusivement ou le crayon de nitrate d'argent ou de sulfate de cuivre. Le premier était toujours employé alors que la maladie se présentait à son début, ainsi que pendant toute la période aiguë. Le second n'intervenait que pour terminer ou consolider la guérison.

Ce sont les enfants traités de cette manière qui sont l'objet de ce travail; trop heureux si je puis, dans cet exposé, offrir au Chirurgien des Enfants assistés, au savant couronné par l'académie des sciences et de médecine, un témoignage de ma vive reconnaissance pour tout ce que je lui dois.

HISTORIQUE.

Depuis déjà longtemps le nitrate d'argent était le médicament favori pour combattre l'ophthalmie purulente, et Mackensie s'exprime ainsi :

« Le nitrate d'argent solide s'applique quelquefois sur la con-
» jective enflammée des paupières et il est peut-être plus facile
» à manier que la pommade forte. L'une et l'autre de ces appli-
» cations exigent beaucoup de soin ; car, manié sans précaution,
» cet agent peut détruire la transparence de la cornée comme le fait

» la chaux vive, déterminer la mortification de la conjonctive ou
» de la cornée, et amener le symblépharon (p. 646, *Traité des*
» *maladies des yeux*, 1850). » Mais l'auteur n'en conseille pas
l'emploi lorsqu'il traite de l'ophthalmie purulente des nouveaux
nés. Les collyres composés de 2 à 10 grains de sel argentique
par once d'eau lui auraient toujours réussi.

Dans un long mémoire « *sur une nouvelle méthode d'employer*
le nitrate d'argent dans quelques ophthalmies, et inséré dans
les *Annales d'Oculistique* (Année 1842, p. 45, 105, 209), »
M. Desmarres, après avoir développé cette proposition : Que
n'a-t-on pas guéri avec le nitrate d'argent en crayon? rejette
l'emploi de cet agent dans la conjonctivite purulente des
nouveaux-nés, parce que , dit-il « soit avec les collyres con-
» centrés, soit avec le crayon, si l'on arrête l'écoulement puru-
» lent, le gonflement sous-jacent à l'eschare de la muqueuse
» détermine la compression des lésions de la cornée qu'on
» aurait pu éviter ; d'autre part, pour agir de nouveau, il faut
» attendre la chute des parties détruites.

» Il est souvent très-fâcheux pour le malade atteint d'ophthal-
» mie purulente, d'employer un moyen qui, par son application,
» augmente, ou souvent même provoque le gonflement qui ac-
» compagne toujours cette maladie et qui, d'un autre côté,
» n'agit pas d'une manière continue sur les parties malades. »
(*Loco citato*, p. 261).

Dans son *Traité des maladies des yeux* (tome 2ᵉ, p. 103), le
même auteur s'exprime ainsi sur le traitement de la conjonctivite purulente des nouveaux-nés par le caustique argentique
solide : « Si l'on préfère la cautérisation avec le crayon, on
» commence par renverser les paupières, puis on touche la mu-
» queuse palpébrale loin de la cornée, en prenant la plus grande

» attention de ne point cautériser cette dernière membrane
» (p. 103). » Mais ici M. Desmarres rappelle les nombreux dan-
gers de la cautérisation de cette ophthalmie : « la cautérisation
» avec le crayon étant une arme à deux tranchants qui est entre
» les mains de tous les médecins et qui certainement est des
» plus dangereuses. Mais c'est surtout dans les ophthalmies pu-
» rulentes que l'on fait le plus grand abus du crayon de nitrate
» d'argent, et c'est là certainement aussi qu'il produit le plus
» grand mal. » (*Loco citato*, p. 12).

Une proposition formulée d'une manière si positive par un
homme aussi considérable que M. Desmarres, qui évoque le
mal produit par le crayon du nitrate d'argent dans l'ophthalmie
purulente, ne doit trouver une contradiction efficace que dans
des observations positives et nombreuses.

Or, celles que nous rapportons, nous croyons les avoir bien
recueillies et nous les soumettons ici à l'examen de tous, appe-
lant leur expérience à notre secours, pour démontrer les bons
effets du nitrate d'argent employé comme nous le dirons plus
loin.

Quant aux trichiasis, lagophthalmos, taies de la cornée, ad-
hérences incurables de la conjonctive palpébrale à la conjonctive
oculaire (symblépharon), dont la cause est, suivant M. Desmarres, la cautérisation brutale et journalière des conjonctives
palpébrales, rien de semblable ne s'est présenté chez les petits
malades de l'hospice des Enfants assistés.

« Quand l'ophthalmie est très-violente, » dit M. Bertrand,
dans sa thèse inaugurale (1850. *Thèse de la Faculté de Médecine de Paris*, p. 19), « et que l'on peut craindre une prompte
» désorganisation de l'œil, il ne faut pas hésiter à cautériser dès
» le début, deux fois par jour, avec le crayon de nitrate d'argent.

» Pour cela, on renverse les paupières et on touche légèrement
» de manière à blanchir leur surface, puis on instille un peu
» d'eau tiède pour nettoyer les parties touchées et emporter le
» nitrate d'argent. »

Parmi les caustiques qui constituent le traitement de l'ophthalmie purulente des nouveaux-nés, le plus avantageux, dit
M. Panziris, est le nitrate d'argent, soit solide, soit liquide.
« Si la maladie date de plusieurs jours, si la cornée commence
» à s'ulcérer, on préfèrera au collyre le crayon que l'on promè-
» nera sur la conjonctive. » (Panziris. *Thèse de la Faculté de
Paris*; 1850, p. 28).

Comme on le voit, les deux auteurs que nous venons de citer
sont en contradiction complète avec M. Desmarres; pour l'un,
la présence de l'écoulement purulent est une indication de l'emploi du crayon argentique; pour l'autre, le crayon est préférable
au collyre, lorsque la cornée est menacée d'ulcération, et même
lorsque cette lésion s'est manifestée.

Nous retrouvons cette dernière opinion dans la thèse inaugurale de M. Riban. (*Thèse de Paris*, 1853).

Dans un mémoire « *Sur le traitement de l'ophthalmie scrofuleuse par le nitrate d'argent solide* » lu au congrès scientifique
de Gênes (1846), M. le docteur Pietro-Caire termine son travail
par les conclusions suivantes :

« 1º La malpropreté est la cause la plus puissante de l'oph-
» thalmie scrofuleuse que j'ai observée le plus généralement
» dans les asiles d'enfants et dans les réunions formées par les
» classes ouvrières et peu aisées;

» 2º Le nitrate d'argent est le moyen le plus puissant pour
» arrêter les progrès de l'inflammation dans cette maladie et

» guérir promptement les ulcères qu'elle produit, en l'appliquant
» sur un point quelconque éloigné de ces ulcères.

» Lorsque la maladie est bornée à la conjonctive, on a re-
» cours aux instillations de collyres au nitrate d'argent ; plus
» tard, la cautérisation avec le crayon de nitrate d'argent est
» le moyen le plus héroïque contre les boursoufflures, les
» granulations de la conjonctive, les ulcérations, les perfora-
» tions de la cornée. Cette cautérisation est préférée aux col-
» lyres laudanisés qui, à la vérité, sont chaque fois suivis
» d'une amélioration, mais pour peu de temps. Dans les cas de
» procidence de l'iris, on doit préférer le crayon. » (*Wier-
teljaheschrift für die praktische Heilkunde, herausgegeben
von D. médic. Facultät Zü Prag.* 1847, H. I.)

Si nous poursuivons cet examen historique, nous verrons que
MM. Poincarré, Rathier (*de l'ophthalmie purulente des nouveaux-nés*, 1854.), Mello de Souza (*du nitrate d'argent*, 1856.),
rappellent dans leurs thèses inaugurales l'emploi du caustique
argentique dans l'affection qui nous occupe.

Mentionnons aussi le travail de M. Marmottan (*Thèses de la
Faculté de Médecine*, 1857). Suivant cet auteur « l'application
» du caustique solide a toutes les incertitudes du mouvement.
» Si les muqueuses sont boursoufflées, fongueuses, on ne peut
» pénétrer dans toutes les anfractuosités de la surface malade.
» Enfin, le sang provenant des fongosités peut voiler les surfaces
» à cautériser. »

Nous ne pouvons admettre cette manière de voir de M. Marmottan ; et, sans nier que la cautérisation au crayon rencontre
quelques difficultés, nous pensons que dans les cas où il y a
exubérance et boursoufflement des paupières, le crayon doit
être appliqué et la cautérisation être énergique.

Dans la thèse inaugurale qu'il soutint en 1861 devant la Faculté de Médecine de Paris, M. le docteur Wecker est venu dissiper les craintes des praticiens sur l'emploi du caustique solide. Nous ne pouvons mieux faire que de citer l'auteur : « Nulle part

» l'effet souverain des cautérisations n'éclatera plus manifeste-
» ment que dans le traitement de la conjonctivité purulente des
» nouveaux-nés ; en les appliquant avec exactitude, nous pou-
» vons presque toujours éviter ces complications dangereuses
» de la cornée, et nous voyons cette maladie tant redoutée
» prendre entre nos mains un caractère relativement assez bénin.
» Mais il faut bien appliquer ces cautérisations et lorsque le
» gonflement et la sécrétion sont très-prononcés ; il |deviendra
» quelquefois urgent de les répéter deux fois par jour. Dans les
» cas moins graves, on peut renverser les deux paupières et les
» cautériser en même temps, après quoi on aura soin de bien
» neutraliser. Dans les cas graves, il faut cautériser successi-
» vement les paupières et faire attention à bien atteindre le fond
» du cul-de-sac.... Nous nous élevons ici aussi contre tout caus-
» tique liquide et surtout contre les instillations d'une dissolu-
» tion forte de nitrate d'argent ; il est impossible de bien neu-
» traliser leurs effets et elles n'attaquent que trop facilement
» la cornée d'une manière fâcheuse. » (p. 40).

PROCÉDÉ OPÉRATOIRE.

L'opinion de M. Wecker est celle de M. Dolbeau, mais sur la composition du crayon caustique ces deux praticiens ne sont plus d'accord. M. Wecker, même dans les cas graves, emploie un crayon mitigé par portions égales de nitrate de potasse. Selon M. Dolbeau, le crayon de nitrate d'argent pur est préférable à toute solution parce qu'il peut être appliqué au gré de la volonté du chirurgien et selon les indications. Tantôt le crayon ne sera que légèrement promené pour ainsi dire sur la surface qu'il faut toucher ; d'autres fois c'est un séjour plus ou moins long qu'il faudra faire selon l'intensité du mal. De là, pour M. Dolbeau, l'inutilité d'employer dans la cautérisation des paupières un crayon composé et de nitrate d'argent et de nitrate de potasse. — Le nitrate d'argent, donnant lieu à une eschare sèche, ne porte point son action au loin ; et son action peut être limitée à la surface enflammée des paupières, si l'on suit en tout point le procédé de M. Dolbeau.

Dès que l'écoulement purulent est manifeste, M. Dolbeau pratique la cautérisation avec le crayon argentique pur. L'enfant étant maintenu par des aides, les paupières sont nettoyées avec soin avec un linge fin et doux, n'ayant servi à aucun lavage antérieur, et trempé dans de l'eau tiède pour enlever le pus concreté qui agglutine les paupières et s'oppose à leur écartement. Les deux paupières étant relevées simultanément ou l'une après l'autre, selon les cas, le pus est abstergé soit avec le linge, soit au moyen d'injections d'eau tiède.

Pour faire ces injections, on emploiera ou une seringue à oreille ou l'irrigateur Eguisier, ainsi que le pratique M. le professeur N. Guillot (*Gazette des Hôpitaux*, 1858). Des mouvements successifs d'élévation et d'abaissement seront imprimés aux deux paupières, afin de faciliter l'expulsion complète du liquide puriforme qui pourrait rester dans la partie rétro-tarsienne ou dans les angles de l'œil.

Les parties ainsi nettoyées et le pus abstergé, le crayon de nitrate pur sera promené sur les conjonctives palpébrales seules, de manière à blanchir leur surface. On aura soin de bien toucher toutes les parties des paupières et de bien porter le caustique dans les angles de l'œil. Ensuite, un courant d'eau salée, tiède en hiver, ou à la température ordinaire en été, sera dirigé sur les surfaces cautérisées pour neutraliser l'excès du caustique.

Si l'on craint de toucher le globe oculaire en voulant porter le caustique sur la partie la plus postérieure de la conjonctive palpébrale, on pourra se servir du crayon porte-nitrate proposé par M. de Condé, pour la cautérisation des granulations de la conjonctive chez l'adulte, et décrit par lui dans les *Annales d'oculistique* (année 1840, tome III). — La cautérisation pratiquée, les paupières seront retournées et réduites s'il s'est formé quelque renversement.

Toutes les deux heures, les yeux de l'enfant seront soigneusement lavés avec de l'eau ordinaire, à la température de 20 degrés en hiver, et à la température ambiante en été. Quelques heures après la cautérisation, on fera, dans l'œil malade, une instillation de quelques gouttes d'un collyre astringent ainsi composé :

Sulfate de zinc. . . .	0 gr. 50
Eau distillée.	200 gr. »

Les jours suivants, ce collyre sera continué et appliqué deux fois dans les vingt-quatre heures.

A tout ce que nous venons d'énumérer, M. Dolbeau ajoute la recommandation d'un cataplasme permanent de fécule froid, en ayant soin d'employer un linge fin et doux, tel que de la mousseline ou du linon. Ces cataplasmes calment l'inflammation des paupières et la douleur consécutive à l'application du caustique.

Les paupières perdant promptement leur gonflement, le pus

s'écoule facilement au dehors. Par son action, ce topique émol-
lient contribue aussi à l'amélioration déjà obtenue.

Lorsque l'écoulement purulent a cessé et qu'il ne reste plus
d'autres traces du mal que des granulations, M. Dolbeau cauté-
rise la conjonctive palpébrale avec le crayon de sulfate de cuivre.
M. Dolbeau n'a jamais pratiqué qu'une seule cautérisation par
jour, avec l'un ou l'autre caustique.

Quant à la douleur qui suit l'application du caustique, certes
elle est quelquefois assez vive pour empêcher le sommeil de
l'enfant pendant quelques heures, mais jamais elle n'a été assez
violente pour provoquer les convulsions.

Si la douleur, par son intensité, amène trop d'agitation chez
l'enfant, il est avantageux d'administrer une cuillerée de sirop
de pavot blanc.

L'eschare superficiel formé par le crayon de nitrate d'argent
tombe toujours peu d'heures après sa formation, et jamais les
accidents qui surviennent ne peuvent être une cause de retard
pour une cautérisation nouvelle si le besoin s'en fait sentir.

Nul doute cependant que le procédé opératoire, ainsi que
l'examen des cornées, ne rencontre parfois quelques difficultés.

Les mouvements, les cris de l'enfant sont des obstacles qui
peuvent gêner, mais qui ne sont pas insurmontables. Lorsque le
gonflement ne permettra pas d'examiner l'état des cornées, on
aura recours à l'usage des élévateurs. Si l'enfant est trop indo-
cile, on produira l'anesthésie, même pendant le sommeil, ainsi
que nous l'avons vu pratiquer avec succès.

Tel est le mode de traitement adopté par M. Dolbeau contre
l'épidémie grave d'ophthalmie qui a sévi dans ses salles pendant
les mois d'octobre et de novembre.

Après avoir fait l'exposé historique de l'emploi du crayon de nitrate d'argent, décrit le procédé pour appliquer l'agent thérapeutique, nous rapportons les faits observés pour en tirer ensuite les conclusions qui y sont contenues.

Disons d'abord que chez les enfants qui font l'objet des observations suivantes, le traitement par les cautérisations successives a été appliqué depuis le début de l'affection ; ajoutons aussi, ainsi que nous l'avons déjà dit, qu'une seule cautérisation a été pratiquée par jour.

OBSERVATIONS.

Obs. 1. — BRANDT, Eugénie, née le 12 septembre 1863, entrée le 6 octobre 1863, pour une ophthalmie purulente double très-manifeste. — Des cautérisations sont faites les 8, 15, 17 du même mois.

Le 19, l'état des yeux est bon ; l'écoulement puriforme a cessé, mais un abcès s'est formé au bras gauche ; incision.

Le 26, nouvel abcès dans la région axillaire du même côté ; ouverture donnant issue à un pus de bonne nature.

Le 28, la guérison des yeux se maintient ; le gonflement n'a pas reparu non plus que le pus. L'ouverture du second abcès est devenue fistuleuse et donne issue à un pus séreux. L'état général est peu satisfaisant ; le corps maigrit ; figure grippée. L'enfant ne prend plus le sein et vomit ; décrépitude et marasme.

L'enfant est retirée à sa nourrice. Jusqu'au moment de sa mort qui a lieu le 18 novembre, l'enfant présente toujours les mêmes symptômes.

Obs. 2. — BOSSERET, Alfred, né le 18 août 1863, entré le 16 septembre suivant, atteint d'ophthalmie purulente double, avec opacité de la cornée gauche. Catapl.; coll, n. 3 ; 2 fois par jour.

L'enfant est élevé au sein.

5 octobre, l'écoulement purulent est presque aussi abondant qu'à l'entrée. Cautérisation au crayon de nitrate.

9, 15 octobre, nouvelles cautérisations.

17, les yeux vont bien ; plus d'écoulement puriforme ; liquide légèrement rosé peu abondant. L'enfant profite bien ; la figure est bonne.

19, guérison des yeux confirmée ; la tache cornéale a persisté.

L'enfant est désigné pour la campagne.

Obs. 3. — CARTRON, Marie-Louise, née le 23 août 1863, entrée le 11 septembre, atteinte d'ophthalmie purulente double. L'examen fait le jour de l'entrée de l'enfant, montre l'intégrité des cornées. Elevée au sein ; catapl. permanents de fécule; coll. n. 3, matin et soir.

Le 13, l'écoulement puriforme étant aussi abondant, une première cautérisation est faite avec le crayon de nitrate.

Le 19, les yeux sont dans un meilleur état ; mais on voit apparaître sur les muqueuses de la bouche et l'anus des plaques semblables à celles que l'on observe dans la syphilis ; la plante des pieds offre aussi de nombreuses plaques de roséole.

Frictions mercurielles dans l'aisselle.

Les jours suivants, l'enfant qu'on a retirée à sa nourrice devient pâle, les chairs sont molles, le front commence à se couvrir de rides, la figure maigrit.

Le 9 octobre, seconde cautérisation au crayon de nitrate.

Le 10, les yeux vont bien, mais l'état général est mauvais, la figure devient hideuse à voir, l'enfant refuse toute boisson.

Le 12, la guérison des yeux se confirme, mais l'enfant est dans le même état général.

17, décès.

L'autopsie fut faite le lendemain 18 ; mais à l'examen nécropsique on ne découvrit aucune trace de syphilis ; le thymus, les organes de la respiration, le foie, ne présentaient ni le suc demi-liquide d'un blanc jaunâtre, ni l'induration avec teinte jaunâtre qui sont les caractères assignés par MM. Dubois et Depaul, à la syphilis viscérale infantile.

Obs. 4. — BERTRAND, Léonore, née le 3 janvier 1863, entrée le 31 octobre 1863 pour ophthalmie purulente double intense. Une première cautérisation est pratiquée le même jour.

Les 5 et 10 novembre, nouvelles cautérisations.

Le 14, les yeux sont guéris ; plus d'écoulement des yeux, mais l'enfant est abattue et semble ne s'intéresser à rien de ce qui l'entoure.

Le 18, œdème de la main gauche.

Le 20, bronchite. Looch avec 6 grammes de sp. diacode. Réclamée par ses parents, cette enfant sort de l'infirmerie les yeux guéris complétement.

Obs. 5. — COLLET, Césarine, née le 16 juin 1862, entrée le 3 novembre pour une conjonctivite simple qui devient purulente le 5 suivant. Ce même jour, la conjonctive palpébrale est cautérisée.

Les 7, 10, 13, 16, 19, 21, nouvelles cautérisations au nitrate d'argent solide et pur.

Le 23, l'état des yeux est très-bon ; les jours suivants, la guérison se confirme.

Obs. 6 — GÉLY, Victor-Édouard, né le 5 décembre 1861, est admis dans les salles de chirurgie le 29 octobre pour une conjonctive simple des deux yeux. Huile de ricin, 6 grammes, instillations deux fois par jour d'un collyre (2 grammes d'azotate d'argent pour 0/0 d'eau).

Le 3 novembre, la conjonctivite devient purulente. Cautérisation des deux yeux.

Les 5, 7, nouvelles cautérisations au nitrate d'argent.

Le 10, l'état des yeux est meilleur ; cautérisation des deux yeux avec le crayon de sulfate de cuivre.

Le 13 suivant, l'écoulement est devenu de nouveau purulent ; cautérisation avec la pierre infernale.

Le 16, nouvelle cautérisation.

Le 17, l'écoulement est moins abondant et moins purulent.

Le 18, l'enfant est mieux ; rendu à ses parents dans la journée sur leur demande. L'état des yeux est très-sensiblement amélioré.

Obs. 7. — LUISET, Louise, née le 22 décembre 1862, entrée le 17 octobre dans les salles de chirurgie pour une ophthalmie purulente double manifeste. L'enfant est maigre, chétif ; état général peu satisfaisant. Malgré ces conditions fâcheuses, l'ophthalmie s'amende promptement sous l'influence d'une cautérisation énergique au nitrate d'argent pur qui est faite le jour de l'entrée de l'enfant.

Les jours suivants, les yeux se montrent dans un meilleur état, lequel se confirme plus tard ; mais l'enfant dépérit chaque jour, et finit par succomber le 27 du même mois.

Obs. 8. — Jovart, Charles, âgé de 1 an et 10 mois, est entré le 10 octobre 1863 à l'hospice (chirurgie), pour une ophthalmie purulente gauche et conjonctivite simple du côté droit. Une seule cautérisation est pratiquée sur l'œil gauche, et la conjonctivité est traitée par le coll. n. 2.

Le 15, guérison. L'ophthalmie purulente ne s'est pas propagée à l'œil droit.

Obs. 9. — Maillot, Charles, âgé de 2 ans et 3 mois, entré le 13 septembre, avec blépharo-conjonctivite scrofuleuse; huile ricin, 6 gr.; coll. n. 2.; huile foie de morue.

Le 3 novembre, les deux yeux sont pris d'ophthalmie pururente double. Application du crayon caustique.

Les 5, 10, 13 suivants, nouvelles cautérisations.

Le 17, l'ophthalmie est guérie, il ne reste que quelques granulations et une légère tuméfaction des paupières qui sont combattues par le crayon de sulfate de cuivre appliqué les 19, 21 et 24 novembre.

Le 25, l'auscultation démontre qu'une bronchite capillaire s'est déclarée. Cette affection emporte l'enfant trois jours après. L'autopsie a confirmé le diagnostic.

Obs. 10. — Peuch, Ernest-Emile, né le 19 juillet 1863, est admis le 21 septembre 1863 dans le service de M. Dolbeau, pour une ophthalmie purulente double qui est d'abord traitée par les instillations de collyre à 3 gr. pour 30 d'eau, et les cataplasmes de fécule en permanence.

Le 24, roséole syphilitique très-manifeste. Frictions mercurielles dans l'aisselle.

Le 15 octobre, le traitement par les collyres est abandonné. Cautérisation au crayon nitrate.

Le 17, seconde cautérisation.

Le 19, les yeux sont mieux. Cautérisation au sulfate de cuivre.

Le 21, l'amélioration des yeux se maintient; nouvelle application du crayon sulfate de cuivre.

Le 22, abcès de la fesse droite, incision qui ne donne issue qu'à de la sérosité. L'enfant dont les yeux sont guéris est retiré à sa nourrice. Vomissements.

Le 28, nouvel abcès au-dessus du précédent; incision par laquelle s'échappe un liquide séreux très-fétide. A partir de ce moment, l'enfant dépérit chaque jour. L'agonie s'annonce le 29 par des symptômes d'asphyxie, et la mort arrive le 30 octobre.

Obs. 11. — Delest, Ursule, née le 17 octobre 1863, est admise le 27 du même mois pour une ophthalmie purulente double. Cautérisation des deux yeux le même jour.

Le 30, l'examen montra que l'ophthalmie était guérie; mais il resta quelques granulations qui cédèrent à la cautérisation par le sulfate de cuivre.

L'affection ayant récidivé, deux cautérisations au crayon nitrate d'argent furent faites les 3 et 5 novembre.

Les 7, 16, 17, on combattit les granulations par le sulfate de cuivre.

Le 26, l'enfant complètement guérie était dirigée vers la crèche.

Obs. 12. — Reynaud, Jean, né le 20 novembre 1860, entré le 9 octobre 1863 pour une conjonctivite purulente.

Les 9 et 10, le crayon nitrate d'argent est promené sur les conjonctives.

Le 20, l'enfant était rendu à ses parents complètement guéri.

Obs. 13. — Robin, Louis, né le 7 juin 1861, entré le 4 octobre 1863 ; ophthalmie purulente double avec éruption furonculeuse et scrofuleuse.

Le 5 octobre, cautérisation au nitrate.

Le 10 octobre, les yeux sont dans un bon état.

Le 17 octobre, l'enfant est réclamé par ses parents ; l'ophthalmie est guérie ; il ne reste plus qu'un peu de blépharite.

Obs. 14. — Robinet, Honoré-Marie, né le 1er octobre 1863, entré le 27 du même mois pour une ophthalmie purulente double très-intense. Incuvation rachitique des deux tibias.

Le 27 octobre, cautérisation au crayon nitrate pur.

Le 1er novembre, état satisfaisant. On constate une opacité de la cornée droite. Cautérisation au sulfate de cuivre.

Les 5, 7 novembre, cautérisations au sulfate de cuivre.

Le 10 novembre, les yeux vont bien ; les cataplasmes de fécule sont supprimés. Jusqu'au 16, rien de nouveau.

Les 16, 21, 25, M. Dolbeau pratique trois nouvelles cautérisations au sulfate de cuivre pour faire disparaître la blépharite légère qui persiste.

Le 30, l'enfant est retiré à sa nourrice et dirigé sur la crèche. L'œil gauche est tout-à-fait guéri ; seule l'opacité de la cornée droite persiste.

Obs. 15. — Saurborn, Marie, née le 6 octobre 1863, entrée le 23 du même mois pour une conjonctivite purulente de l'œil gauche. Une seule cautérisation est faite le 24, et quoiqu'il reste encore un peu de blépharite, M. Dolbeau désigne, le 29, l'enfant pour la crèche, dans la crainte que par son séjour dans les salles où l'affection règne épidémiquement, les yeux de l'enfant ne soient atteints de récidive.

Obs. 16. — SALLE, Adèle, née le 24 février 1863, entrée le 4 octobre suivant pour ophthalmie purulente double. A l'examen, les cornées paraissent saines.

Les 5, 8, 9, 13, cautérisations au nitrate d'argent.

Le 14, état satisfaisant des yeux ; pas de cautérisations.

Le 15, à la visite du matin, les deux yeux se montrent pleins de pus ; cataplasmes de fécule ; coll. n. 3.

Le jour même, et malgré les conseils qui leur furent donnés sur les soins que réclamait la malade, les parents retirèrent l'enfant du dépôt.

Obs. 17. — TIXIER, Blanche, née le 1er octobre 1863, entrée le 25 du même mois. Elevée au sein.

Le 25 octobre, conjonctivite purulente double. Cautérisation au nitrate.

Les 26, 27, 28, 29, cautérisations successives au crayon nitrate.

Le 30, bon état des yeux qui se confirme les jours suivants.

Le 2 novembre, l'ophthalmie a reparu dans toute son intensité, et se complique d'un muguet abondant. Cautérisation comme plus haut. Julep avec 2 gr. de chlorate de potasse.

Le 3 novembre, seconde cautérisation depuis la récidive.

Le 6 novembre, l'enfant est confiée à une nourrice.

Les 7, 10 novembre, l'enfant prend bien le sein ; cependant l'ophthalmie persiste ; deux cautérisations (nitrate d'argent).

Les 16, 17, 21 novembre, les yeux vont assez bien ; trois cautérisations avec le crayon sulfate de cuivre.

Le 23, les yeux vont bien, et l'état général très-satisfaisant. Cet état persiste jusqu'à la sortie de l'enfant. La guérison étant confirmée et le muguet ayant disparu, l'enfant est dirigée le 1er décembre vers la crèche.

Obs. 18. — VAUVEAU, Eugène, né le 17 juillet 1862, entré à l'hôpital, service de M. Dolbeau, le 14 octobre pour une blépharite ciliaire double ; huile de ricin ; coll. n. 2.

Le 15 octobre, les yeux sont atteints d'ophthalmie purulente. Cautérisation au nitrate d'argent des conjonctives palpébrales.

Le 19 octobre, seconde cautérisation après anesthésie.

Le 31 octobre, l'œil gauche est assez bien ; cautérisation de l'œil droit.

Les 5, 7, 10 novembre, l'écoulement purulent ayant reparu, trois cautérisations successives sont pratiquées sur les deux yeux.

Le 11 novembre, l'état des yeux est meilleur ; l'écoulement purulent est peu abondant. Pas de cautérisation.

Le 12 novembre, l'enfant est réclamé par les parents ; il y a tendance à la guérison, et la santé générale est bonne.

Obs. 19. — GOMER, Wilfrid, âgé de 2 ans et demi, admis le 24 octobre 1863 pour une conjonctivite strumeuse simple. Huile de ricin, 6 gr., coll. n. 2 ; huile de foie de morue.

Le 31 octobre, l'œil gauche est plein de pus ; cautérisation au nitrate d'argent en substance.

Le 3 novembre, peu de pus dans l'œil gauche ; intégrité de l'œil droit ; mais l'enfant est atteint de catalepsie qui va diminuant d'intensité jusqu'au 10 suivant.

Le 10 novembre, pas de liquide purulent dans les yeux ; blépharite légère combattue par une cautérisation au crayon de sulfate de cuivre. L'enfant présente un état général assez bon, quoique un peu maigre.

Le 13, l'enfant tousse beaucoup. Symptômes de bronchite ; râles ronflants à la base des deux poumons ; looch avec 0,05 de kermès.

Le 14, l'enfant paraît comme hébété ; il ne répond à aucune des demandes qu'on lui adresse et paraît insensible à tout ce qui l'environne.

Le 16, légère blépharite palpébrale, prostration de l'enfant ; cautérisation des paupières avec le crayon de sulfate de cuivre. Les jours suivants, les symptômes bronchiques persistent ; les yeux vont très-bien. Guérison de l'ophthalmie le 19 suivant.

Le 29 novembre, décès. A l'autopsie, les poumons offrent les lésions de la bronchite capillaire ; dans le cœur, deux caillots fibrineux occupant les deux oreillettes. Rien dans le cerveau, ni dans ses enveloppes.

Obs. 20. — DAMBREVILLE, née le 28 juillet 1861, est admise le 30 octobre 1863 pour une conjonctivite simple strumeuse, traitée par le collyre n. 2. L'enfant est soumise au traitement général par l'huile de foie de morue. Les cornées sont saines.

Le 3 novembre, les yeux se montrent, à la visite du matin, pleins de pus ; M. Dolbeau applique le caustique argentique solide.

Les 5, 10, 14, 16, 19, 21, nouvelles cautérisations.

Le 23, le liquide qui s'écoule des yeux est très-peu abondant.

Cautérisation au crayon de sulfate de cuivre, qui est renouvelée le 25 suivant. L'intégrité des cornées s'est maintenue.

Le 27, nouvelle apparition du pus et dans une assez grande quantité. Les cataplasmes sont appliqués de nouveau.

Les 30 novembre et 3 décembre, deux cautérisations argentiques.

Le 4 décembre, l'écoulement purulent a complètement disparu ; quelques symptômes de conjonctivite persistent (photo-
phie légère, larmoiement prononcé). Le traitement général est
continué ; mais la conjonctive se dissipe bientôt.

Le 24, l'enfant est renvoyé à la division.

Obs. 21. — Allais, Mélanie-Louise, née le 17 novembre 1863,
admise le 24 suivant, est confiée à une nourrice dès son entrée.
M. Dolbeau, reconnaissant une ophthalmie purulente confirmée,
applique le même jour le caustique argentique solide. Cataplasmes permanents sur les yeux

Les 23, 25, 30, nouvelles cautérisations.

Le 2 décembre, l'état général est bon, l'enfant prend bien le
sein. L'écoulement des yeux est moins purulent. Cautérisation
au sulfate de cuivre.

Le 9, la pierre divine est appliquée de nouveau ; mais il y a
un peu de muguet. Julep avec 2 gr. de chlorate de potasse ;
mais l'enfant supportant mal le médicament, la dose est portée
à 1 gr.

Le 18, la guérison est confirmée ; plus de muguet ; embom-
point de l'enfant qui est rendu à la crèche.

Dans ces observations qui résument le résultat des premiers
essais de notre maître, M. Dolbeau, nous nous sommes attaché
à rapporter exactement le nombre et l'époque des cautérisations
pratiquées par ce chirurgien ; et l'on comprendra qu'il nous était
difficile d'éviter la monotonie dans la rédaction.

CONCLUSIONS.

Par un examen attentif des faits qui précèdent, on voit que
les cautérisations n'ont été pratiquées qu'une seule fois dans la

TABLEAU RÉCAPITULATIF.

NUMÉRO des observations.	NOMS et PRÉNOMS.	AGE.	SEXE	NATURE de la MALADIE.	DURÉE DE LA MALADIE.	NOMBRE de CAUTÉRISATIONS Ag0,Az0⁶	Ca0, S0³	Maladies intercurrentes et COMPLICATIONS.	TERMINAISON. DÉCÈS.	GUÉRISON	OBSERVATIONS.
1	Brandt...........	24 jours.	F.	Ophthalmie purulente double.	13 j.	3	»	Abcès de la fesse.	Décès.	»	Les yeux ont guéri.
2	Bosseret.........	29 jours.	G.	Ophthalmie purulente double. — Opacité de la cornée gauche.	33 j.	3	»	»	»	Guérison	L'opacité de la cornée gauche a persisté. La durée réelle du traitement n'a été que de 10 jours. — Elevé au sein.
3	Cariron.........	20 jours.	»	Ophthalmie purulente double, intense.	30 j.	2	»	Syphilis.	Décès.	»	Les yeux étaient guéris complètement 7 jours avant la mort. — Elevée au sein jusqu'à l'apparition des accidents syphilitiques.
4	Bertrand........	1 an 10 m	F.	Conjonctivite simple double, devenue purulente deux jours après l'entrée.	15 j.	3	»	»	»	Guérison	
5	Collet..........	1 an 4 m.	F.	Conjonctivite simple, devenue purulente au bout d'un jour.	20 j.	7	»	»	»	Guérison	
6	Gély..........	1 an 11 m	G.	Conjonctivite simple, devenue purulente 4 jours après l'entrée.	15 j.	5	1	»	»	»	Lorsque l'enfant a été réclamé par ses parents, les yeux n'étaient pas complètement guéris.
7	Luiset, Louise	10 mois.	F.	Ophthalmie purulente double.	8 j.	1	»	Entérite.	Décès.	»	L'affection dans ce cas a guéri en quelques jours; mais l'enfant qui a été élevée au biberon, a succombé à une entérite.
8	Jovart, Georges...	1 an 10 m	G.	Ophthalmie purulente, gauche. Conjonctivite simple, droite.	5 j.	1	»	»	»	Guérison	L'ophthalmie purulente s'est bornée à l'œil gauche.
9	Maillot........	2 ans 3 m	G.	Blépharo-Conjonctive, scrofuleuse, devenue purulente.	30 j.	6	1	Bronchite capill⁹	Décès.	»	Quatre jours avant la mort, la dernière cautérisation au sulfate de cuivre était pratiquée.
10	Peuch, Ern⁹-Emile	2 mois.	G.	Ophthalmie purulente double.	30 j.	2	2	Syphilis.	Décès	»	Pendant que l'ophthalmie a existé, l'enfant a été élevé au sein.
11	Delest, Ursule......	10 jours.	F.	Ophthalmie purulente double.	30 j.	1 3 2	1 4 4	»	»	Guérison	Il y a eu RÉCIDIVE. — L'enfant a été élevée au sein.
12	Reynaud, Jean.....	2 a. 11 m.	G.	Conjonctivite purulente double.	11 j.	2	»	»	»	Guérison	
13	Robin, Louis	2 ans 5 m.	G.	Ophthalmie purulente double, avec éruption furonculeuse.	13 j.	1	»	»	»	Guérison	
14	Robinet............	27 jours.	G.	Ophthalmie purulente double, avec incurvation rachitique des tibias.	32 j.	1	6	»	»	Guérison	Pendant son séjour dans l'infirmerie, cette enfant a été élevé au sein. Opacité de la cornée droite.
15	Saurborn, Léontine	17 jours.	F.	Conjonctivite purulente de l'œil gauche.	6 j.	1	»	»	»	Guérison	Il reste un peu de blépharite.
16	Salle..............	9 m. 20 j.	F.	Ophthalmie purulente double.	11 j.	3	3	»	»	Guérison	La RÉCIDIVE n'a pu être traitée, l'enfant ayant été retiré du dépôt.
17	Tixier	45 jours.	F.	Ophthalmie purulente double.	5 j. 18 j.	4 8	3	»	»	Guérison	Elevée au sein. — RÉCIDIVE.
18	Vauveau	1 an 4 m.	G.	Blépharite ciliaire double, devenue purulente après 7 jours.	28 j.	6	»	»	»	Guérison	Lorsque l'enfant est retiré du dépôt, il y a une grande amélioration dans l'état des yeux.
19	Gomer, Wilfrid...	2 ans 1|2	G.	Conjonctivite simple, devenue purulente après 7 jours.	13 j.	1	1	Bronchite capill⁹ Catalepsie.	Décès.	»	La guérison des yeux était confirmée avant le décès.
20	Dambreville.....	2 ans 2 m	F.	Conjonctivite simple, devenue purulente au bout de 4 jours.	1 m.	8	2	»	»	Guérison	
21	Allais, Méjanie	3 jours.	F.	Ophthalmie purulente, à droite, devenue double.	27 j.	4	2	Muguet.	»	Guérison	Elevée au sein.

même journée, quelquefois moins souvent encore, et qu'elles ont été faites tant que l'écoulement purulent a été intense ou a persisté. C'est, en effet de ce signe de la manifestation et des changements de la maladie, que M. Dolbeau tire l'indication du traitement qui doit être institué, et qu'il vient à modifier l'énergie de la cautérisation.

Parfois, M. Dolbeau a cru remarquer un certain rapport entre les variations atmosphériques et l'état des yeux de ses petits malades ; il lui a semblé, pendant le temps qu'a duré l'épidémie, qu'à une température basse et humide correspondait un état moins satisfaisant des ophthalmies. N'ayant pas, à l'époque dont nous parlons, conçu l'idée du mémoire que nous publions aujourd'hui, nous n'avons pas noté, jour par jour, les changements survenus dans l'état du ciel et dans la nature du liquide purulent chez ces enfants.

Cette étude comparative aurait peut-être pu nous conduire à quelques conclusions sur l'étiologie de l'ophthalmie purulente chez l'enfant, et par là à formuler notre jugement sur une opinion qui a été émise par quelques praticiens. Nous le regrettons ; mais reconnaître cette lacune, c'est exciter le zèle et les recherches de ceux qui, après nous, seront appelés à étudier cette affection digne d'intérêt.

Dans le tableau récapitulatif qui suit, nous avons réuni toutes les phases de la maladie, le nombre et la nature des cautérisations, les complications survenues, enfin la terminaison pour chacun des enfants qui ont été atteints d'ophthalmie purulente. Ainsi, le lecteur pourra prendre une idée générale des observations que nous venons de rapporter dans leurs détails essentiels au sujet ; il lui deviendra facile de nous suivre dans l'examen des faits et dans nos conclusions.

(Voir le tableau récapitulatif ci-contre)

Donc, vingt-un enfants ont été atteints d'ophthalmie purulente ; parmi ces vingt-un cas, on compte dix garçons et onze
filles.

AGE. — Relativement à l'âge, ils sont répartis comme il suit :

1° Enfants âgés de moins de 1 mois   7
2°   —   de 1 mois à 6 mois   2
3°   —   de 6 mois à 1 an   2
4°   — dont l'âge varie entre 1 et 2 ans . .   5
5°   — dont l'âge a dépassé 2 ans   5

ce qui donne les chiffres : 11 pour les enfants n'ayant pas atteint
la première année, et 10 pour ceux âgés de 1 à 2 ans et demi.

NATURE DE LA MALADIE. — Quant à la maladie, trois fois
seulement l'ophthalmie n'a atteint qu'un seul œil (*Obs.* 8ᵉ, n. 15
et 21). — Chez quatorze malades (*Obs.* 1, 2, 3, 7, 8, 10, 11, 12,
13, 14, 15, 16, 17, 21), l'écoulement des paupières a été mani-
festement purulent dès l'entrée à l'hôpital ; — chez les sept
autres la purulence s'est déclarée après l'admission de l'enfant
dans les salles d'infirmerie, au bout d'un temps qui a varié
entre 2 et 7 jours.

DURÉE DE L'OPHTHALMIE PURULENTE. — La durée de l'affection
a varié entre 5 et 33 jours. Comparée par rapport à l'âge et à
l'alimentation, la durée a été en moyenne :

1° Chez les enfants âgés de moins d'un an, de 21 jours.
2°   —   de plus d'un an . . . 16 jours.
3°   —   élevés au sein . . . . . . 26 jours.

Mais ici nous devons faire remarquer que les moyennes ainsi

obtenues ne sont pas très-exactes ; car la durée indiquée dans le tableau n'est pas la durée réelle de la maladie ; dans le plus grand nombre, le temps indiqué est exagéré, puisque nous le faisons généralement finir au moment où l'enfant sort de l'infirmerie.

Des chiffres que nous venons d'indiquer, il faut conclure que la durée de la maladie a été moins longue chez l'enfant sévré que chez le nouveau-né. L'enfant qui a déjà un an, se trouve, en effet, dans des conditions plus favorables pour une guérison plus prompte que le nouveau-né.

Dans trois cas (*Obs.* 11, 16, 17), il y a eu récidive ; deux fois la guérison a suivi ; quant au troisième cas, nous n'avons pu suivre la maladie, l'enfant ayant été réclamée par les parents.

CAUTÉRISATIONS. — Nous arrivons au point capital de la question : le traitement mis en usage, le nombre de cautérisations pratiquées, soit avec le crayon de nitrate d'argent, soit avec le sulfate de cuivre solide.

Dans six cas (*Obs.* 7, 8, 13, 14, 15, 19), une seule application du caustique argentique a suffi pour triompher du mal ; — pour cette catégorie d'enfants, les applications postérieures du sulfate de cuivre ont varié entre 1 et 6. — Dans une seconde catégorie, le nitrate d'argent a été appliqué jusqu'à 3 fois successivement, et le sulfate de cuivre jusqu'à 4 fois. — Enfin, dans une troisième catégorie, où l'affection s'est montrée le plus rebelle aux agents thérapeutiques, le nombre des applications du caustique de nitrate d'argent s'est élevé à 5, 6, 7, 8, et celles du sulfate de cuivre à 1 et 2.

Ainsi le rapport des cautérisations du nitrate d'argent à celles du sulfate de cuivre se trouve être de 3 à 1.

Complications. — Maladies intercurrentes. — Terminaison — Quelle a été la terminaison de la maladie dans ces vingt-un cas ? Examinons d'abord l'état des cornées :

1° Chez l'enfant Robinet (*Obs.* 4), une opacité s'est formée sur l'œil gauche pendant le cours de la maladie et elle a persisté ;

2° Chez le nommé Bosseret (*Obs.* 2), la tache cornéale existait, à l'entrée de l'enfant, sur un seul œil.

Ainsi deux yeux seulement ont été opaques.

Quant à la terminaison de l'affection, 6 fois il y a eu décès (*Obs.* 1, 3, 7, 9, 10, 19) ; mais la mort a eu lieu par suite de complications ou de maladies intercurrentes survenues soit pendant l'ophthalmie, soit après sa guérison complète. Ces complications ont été ou des bronchites, ou des abcès, ou la syphilis, ou l'entérite. — Deux fois seulement la guérison n'était pas pleinement confirmée à la sortie. — Les treize autres ont guéri parfaitement.

Ainsi :

Terminaison
{
  Décès par
  {
    Syphilis et abcès 3
    Bronchite capillaire 2
    Entérite 1
  }
  Amélioration à la sortie 2
  Guérison complète 13
}

Mais la lecture des observations ci-dessus montre que, chez les enfants qui ont succombé à des complications soit du côté du tube digestif, soit des voies respiratoires, l'ophthalmie purulente était guérie et la terminaison heureuse, très-manifeste dans 5 cas.

Si nous ajoutons les 13 cas de guérisons déjà mentionnés, nous aurons le chiffre 18 pour le nombre des guérisons obtenues par le traitement au moyen des cautérisations, sur lequel nombre une seule cornée serait devenue opaque.

Tel est le résultat du traitement entrepris par M. Dolbeau. Aussi croyons-nous devoir préférer, dans cette maladie, le crayon aux collyres, et regardons-nous comme démontrée la supériorité du traitement employé par M. Dolbeau sur tous ceux proposés jusqu'à ce jour contre l'ophthalmie purulente des nouveaux-nés et des jeunes enfants.

TRAITEMENT GÉNÉRAL. — Mais il ne suffit pas de cautériser les surfaces enflammées avec tel ou tel caustique solide, il faut éloigner de l'enfant toutes les causes qui ont pu produire l'ophthalmie purulente, instituer une hygiène convenable.

Si l'on réfléchit aux causes de cette maladie, on reconnaîtra qu'elle est très-rare chez les enfants de la classe élevée, et quand, par hasard, elle se développe chez eux, il est exceptionnel de la voir se manifester avec des symptômes graves.

Les soins nombreux et intelligents dont ils sont entourés, les excellentes conditions d'hygiène et d'alimentation où ils se trouvent, la bonne santé des parents, sont autant de raisons qui expliquent la rareté ou le caractère bénin de l'ophthalmie purulente chez ces enfants.

Par contre, les enfants qui entrent à l'hospice des Enfants assistés, doivent le jour à des parents dont la santé est affaiblie par diverses causes que résume un seul mot. la misère. Depuis leur naissance jusqu'au moment où ils sont mis au dépôt ou abandonnés, ils ont subi, comme leurs parents, l'influence funeste de conditions mauvaises qui agissent sur eux avec d'autant plu d'énergie qu'ils ont la faiblesse propre à leur âge.

Aussi présentent-ils, en général, un état de cachexie ou de diathèse que j'appellerais volontiers infantile, caractérisé par une maigreur prononcée, quelquefois extrême, par les rides et la flaccidité des parties molles, l'aspect terreux et vieilli de la figure (*).

Dans nos salles, ils rencontrent encore une condition défavorable, l'allaitement.

Presque tous sont élevés au biberon, et l'usage du lait de vache renfermant une trop grande proportion de matières caséeuses, est souvent suivi d'une entérite qui épuise le pauvre petit être ; c'est ce que nous avons pu observer chez nombre d'enfants, même en l'absence d'ophthalmie purulente.

De là, pour M. Dolbeau, la nécessité de confier aux soins d'une bonne nourrice, tout nouveau-né atteint d'ophthalmie purulente. Par l'allaitement naturel, l'enfant aura la nourriture qui lui convient, et dans cette alimentation il pourra puiser toutes les forces dont il a besoin pour ne pas succomber à la maladie.

Les salles d'ophthalmie seront aussi l'objet de soins nombreux ; l'aération, l'éloignement des enfants aussitôt après guérison confirmée, devront être rigoureusement observés.

Pour résumer notre travail, nous formulerons les propositions suivantes :

1° Dans l'ophthalmie purulente, il faut agir aussi énergiquement que l'exige l'intensité de la maladie ;

2° Dès que l'écoulement purulent se sera manifesté, et pen-

(*) C'est cet état de dépérissement que dans ses leçons cliniques sur l'Anémie (1846), l'un de nos maîtres dans les hôpitaux, M. le Dr Sée, a désigné sous le nom d'Anémie trophique des enfants.

dant tout le temps qu'il persistera, les cautérisations successives seront pratiquées sur la conjonctive palpébrale ;

3° Les cautérisations se feront au moyen du crayon de nitrate d'argent pur ;

4° Après chaque cautérisation, lotions avec l'eau tenant en dissolution le sel marin ;

5° Les granulations ou la blépharite consécutive à l'ophthalmie seront combattues par les cautérisations au sulfate de cuivre ;

6° Pendant toute la durée de l'écoulement purulent, des cataplasmes froids de fécule seront appliqués en permanence sur les yeux malades ;

7° L'enfant nouveau-né, atteint d'ophthalmie purulente, sera élevé au sein ;

8° Après chaque cautérisation, on instillera 2 fois par jour les yeux de quelques gouttes d'un collyre au sulfate de zinc ;

9° Les salles d'ophthalmies seront bien aérées, chauffées à une température assez haute pour que l'enfant ne ressente pas les effets des variations subites dans l'atmosphère.

N. B. — Quoiqu'éloigné de l'hospice des Enfants assistés depuis le mois de janvier 1864, nous avons suivi avec intérêt le résultat du mode de traitement que nous avons exposé. Le succès ne s'est pas démenti. M. Dolbeau a toujours recours à la cautérisation avec le crayon nitrate d'argent pur, tant que l'écoulement purulent persiste ; seulement, contre les granulations des conjonctives, il emploie la solution de sulfate de cuivre au moyen du pulvérisateur. (E. F.)

www.ingramcontent.com/pod-product-compliance
Lightning Source LLC
Chambersburg PA
CBHW060457200326
41520CB00017B/4823